2021

INTELIGÊNCIA ESTRATÉGICA

EFICIÊNCIA E EFICÁCIA NA REDUÇÃO DA CRIMINALIDADE

1° Edição – 2021

Copyright © 2021 by Neandro Mazilio Coelho
Todos os direitos reservados
ISBN: 9798591860011
Independently publish

Coordenação e Editorial:
Neandro Mazilio Coelho

Projeto gráfico, diagramação e capa:
Neandro Mazilio Coelho

Bibliografia.
Agência Brasileira de Inteligência (Revista ABIN)
Leis Municipais

I.E.E.E.R.C

"Lembre-se que as pessoas podem tirar tudo de você, menos o seu conhecimento."

Albert Einstein

Agradeço a Deus nosso Grande Arquiteto Do Universo, a minha família e a todas as pessoas que confiam em meu trabalho, pelo apoio prestado, concretizando mais um objetivo em minha vida.

Dedico essa obra a todos os agentes policiais, comandantes e Gestores que buscam um meio de levar mais segurança para a população.

Sumário

É certo que a atividade de Inteligência não é algo novo na segurança pública más ainda demonstra um longo caminho para ser percorrido até sua total eficiência. No âmbito da segurança publica municipal, há quase uma década ela vem sendo adotada pelas Guardas Municipais, porém a falta de recursos faz com que muitas cidades deixem de adotar essa atividade dentro de suas corporações. Muitas vezes isso acontece pela falta de conhecimento.

A "arte da inteligência" ela não se baseia somente na implantação de tecnologia ou equipamentos de ultima geração, seu emprego pode-se dar início apenas com a mão de obra do agente municipal ou estadual e com a coleta de dados em parceria com o Estado.

É verídico que uma cidade que planeja seu patrulhamento baseado em dados, índices e estatísticas leva a segurança pública para a população, não esperando que o crime ocorra e sim fazendo com que não aconteça qualquer ação criminosa em determinada região.

Os temas abordados nessa 1°edição orientam e definem de forma clara e objetiva os meios mais práticos para implantação e desenvolvimento de uma Divisão de Estatística, Inteligência e Planejamento, agregando eficiência e eficácia para o bom andamento da Divisão.

...(faremos uma análise da
instituição Guarda Municipal e de
seus ganhos potenciais a partir da
promulgação da lei federal que cria

a Política Nacional de Segurança Pública e Defesa Social (PNSPDS) e institui o Sistema Único de

Segurança Pública (Susp), com o viés para a implementação de setores de inteligência e a divulgação de informações entre agências de segurança pública. Por último, serão apresentados os aspectos conclusivos desta pesquisa.

Inteligência e contrainteligência: uma breve conceituação. A atividade da inteligência é descrita, grosso modo, como flexível, pois cada agência de segurança pública deve buscar o melhor desenho institucional que atenda aos seus interesses. A inteligência policial não se resume ao simples acúmulo de dados e fontes ocultas e/ou abertas. Logo, toda a informação coletada deve passar por um tratamento qualitativo para se tornar relatório de inteligência, que subsidiará a melhor tomada de decisão por parte do gestor da instituição de segurança pública. Nesse contexto, percebemos que a inteligência se traduz em uma possibilidade de ações preventivas *ao crime. No percurso conceitual, destacamos a definição contida no Decreto nº 4.376/2002, que dispõe sobre a organização e o funcionamento do Sistema Brasileiro de Inteligência (Sisbin): Art. 2o [...] entende-se como inteligência a atividade de obtenção e análise de dados e informações e de produção e difusão de conhecimentos, dentro e fora do território nacional, relativos a fatos e situações de imediata ou potencial influência sobre o processo decisório, a ação governamental, a salvaguarda e a segurança da sociedade e do Estado (BRASIL, 2002)...).*

Revista Brasileira de Inteligência. Brasília: Abin, n. 14, dez. 2019 pg.119

Atividade de Inteligência: limites e possibilidades das guardas municipais com o avanço das legislações

Diariamente agentes policiais são surpreendidos dentro de suas corporações com ordens de serviço destinando o patrulhamento e ponto de estacionamento para lugares e locais dentro da área urbana e rural.

Agentes embarcando em suas viaturas com a visão do patrulhamento preventivo, ora destinado pelo comandante. Contudo, o que vem a ser esse patrulhamento preventivo, executado sem a coleta de dados e informações?

Quando agentes patrulham sem conhecimento do porque estar em tal local naquele horário, ele deixa de coletar dados e informações importantes e com a ausência de uma Divisão de Inteligência, gestores responsáveis por planejar a segurança pública, tomam decisões errôneas, e com isso a criminalidade no município se agrava, ficando cada vez mais difícil para os agentes levaram a segurança para a população.

O patrulhamento preventivo se faz de maneira coordenada e preferencialmente com apoio de todas as forças de segurança do município. Não existe patrulhamento preventivo sem informações. A segurança pública ela se faz com Educação, Apoio Social e por último a atuação policial. Quando os dois primeiros fatores não funcionam perfeitamente, existirá o uso da força policial, porém se as ações policiais forem desordenadas, ocorrerá uma crise pública fazendo com que os moradores não se estejam seguros.

Nesse contexto de segurança, muitos gestores utilizam o termo "Sensação de Segurança", algo que deve ser retirado do vocabulário das forças policiais devendo ser substituído pela palavra "Segurança".

Um patrulhamento bem planejado não leva sensação de segurança para a população, ele leva segurança para a população.

Uma equipe treinada e capacitada em montar um bom cronograma de patrulhamento preventivo dentro das corporações das guardas municipais, enaltecerá a atuação dos agentes e chefe executivo, fortalecendo a cidadania entre agentes e moradores levando a proximidade e confiança entre todos e contribuindo diretamente para a redução da criminalidade.

Nessa obra, apresento os caminhos a serem tomados desde a implantação da Divisão de Inteligência, como as fases de coletas de dados e informações, auxiliando o gestor na tomada de decisões e contribuindo com o comandante operacional, Planejando e Adequando o patrulhamento preventivo/ostensivo reduzindo os índices criminais de forma significativa

CAPITULO 1

ELABORAÇÃO DA LEI MUNICIPAL

Conhecido como fase embrionária, ou seja, que começa a dar início e forma a Divisão de Estatística, Inteligência e Planejamento. Antes de pensarmos em dados, estatísticas, índices criminais e gráficos, deve se dar o alicerce e o respaldo para as ações dos agentes. Para isso, deve-se formalizar uma Lei ou Decreto Municipal.

Com base no modelo disponibilizado abaixo, pode ser formalizado a lei ou decreto de acordo com cada município, mesmo que sigam o regime CLT OU ESTATUTÁRIO, devendo obedecer e ser adaptado as normas e hierarquias de cada corporação.

DA DIVISÃO DE ESTATÍSTICA, INTELIGÊNCIA E PLANEJAMENTO (D.E.I.P.)

Art. 73. Fica criado na estrutura organizacional da Guarda Municipal de XXXXXXXXXX a Divisão de Estatística, Inteligência e Planejamento estando diretamente subordinado ao Secretário de Segurança Pública e Trânsito de XXXXXXXXXXXXX, coordenado pelo Chefe de Divisão de Estatística, Inteligência e Planejamento (D.E.I.P.), para o desenvolvimento de ações e planejamento.

Art. 74. A Divisão, designada pela sigla "D.E.I.P.", é composta pelas seguintes unidades funcionais:

I - Inteligência;

11

II - Contrainteligência;

III - Planejamento e Estatística.

§ 1º A área de Inteligência tem as seguintes atribuições:

I - elaborar e apresentar o seu Plano Anual de Ação, observadas as diretrizes da Corregedoria Geral ou do Comando Geral da Guarda Municipal de XXXXXXXXXX;

II - coordenar e integrar as atividades de inteligência de segurança no âmbito de atuação da Secretaria da Segurança Pública e Trânsito de XXXXXXXXXX;

III - identificar, acompanhar e avaliar as ameaças reais ou potenciais no âmbito de atuação da Guarda Municipal de XXXXXXXXXX;

IV - promover a coleta, busca e análise de dados de segurança, alinhando sua atuação com o serviço operacional, no que couber, para a execução de seus planos de ação;

V - identificar atuações sobre o desempenho das unidades da Guarda Municipal, por meio de dados estatísticos;

VI - subsidiar, com informações estatísticas, as decisões nos diversos níveis de gerenciamento da Guarda Municipal, da Secretaria de Segurança Pública e Trânsito e do governo municipal, nas questões pertinentes à segurança pública;

VII - produzir conhecimento para subsidiar a gestão, em nível estratégico e tático, para o processo de tomada de decisão e para o planejamento das ações das equipes de patrulhamento operacionais;

VIII - buscar a integração dos sistemas de inteligência e de estatística municipais, com banco de dados de ações preventivas, repressivas e institucionais, interligados entre os órgãos estadual e federal de fiscalização e segurança pública;

IX - confeccionar o Manual de Inteligência, garantindo seu sigilo;

X - propor ao comando da Guarda Municipal critérios de temporalidade e classificação de sigilo de documentos;

XI - zelar e responder pelo patrimônio público colocado à sua disposição;

XII - articular e colaborar com outras unidades da Secretaria de Segurança Pública e Trânsito em assuntos de sua competência;

XIII - assessorar o comando da Guarda Municipal em assuntos de sua competência;

XIV - executar outras atividades correlatas.

§ 2º A área de Contrainteligência tem as seguintes atribuições:

I - executar medidas referentes às atividades de contra inteligência visando a prevenir, detectar, obstruir e neutralizar a inteligência adversa, bem como as ações que constituam ameaças à salvaguarda de dados, conhecimentos, pessoas, áreas e instalações afetas à Secretaria de Segurança Pública e Trânsito;

II - proceder às investigações de segurança dos prestadores de serviços contratados a qualquer título e servidores designados para a atividade de inteligência da Secretaria de Segurança Pública e Trânsito;

III - manter os servidores lotados na Secretaria de Segurança Pública e Trânsito atualizado com as normas de segurança em vigor, referentes às atividades de inteligência.

§ 3º A área de Planejamento e Estatística tem as seguintes atribuições:

I - executar a coleta busca e análise de dados para a produção de conhecimento no campo da segurança pública;

II - monitorar a efetividade das ações de segurança pública no Município;

III - levantar dados e informações necessários à tomada de decisão dos diversos órgãos integrantes da Segurança Pública, para o cumprimento de suas atribuições legais, com relatórios sobre práticas infracionais, criminais e administrativas;

IV - salvaguardar os conhecimentos produzidos por meio de medidas de segurança;

V - identificar, acompanhar e avaliar as ameaças reais ou potenciais à segurança do Município;

14

VI - manter a segurança do arquivo de assuntos sigilosos sob a responsabilidade da área de Inteligência;

VII - elaborar análises e relatórios estatísticos apontando os números, as variações e a predominância das ocorrências atendidas pela Guarda Municipal;

VIII - manter o controle dos boletins de ocorrência registrados pela Guarda Municipal;

IX - obter e acompanhar dados estatísticos e informações relativos à segurança pública de interesse do Município;

X - elaborar estatísticas e indicadores sociais para planejamento de ações e decisões de prioridades da segurança do Município;

XI - levantar, organizar e analisar as informações locais sobre criminalidade, violência e vulnerabilidade social;

XII - assessorar a área de Inteligência em assuntos de sua competência;

XIII - produzir conhecimento sobre os fatos graves que afetam os órgãos públicos municipais e a comunidade;

XIV - manter a segurança do arquivo de assuntos sigilosos sob a responsabilidade da área de Inteligência;

XV - executar outras atividades correlatas.

§ 4º A equipe responsável pelo desenvolvimento do trabalho de campo durante as operações de reconhecimento e atuações de alto risco, será denominada Grupo de Operações de Inteligência, adotando a sigla "G.O.I." e o uniforme conforme previsto em Decreto.

§ 5º Os agentes da Guarda Municipal de XXXXXXXXXX designados para a prestação de serviço na Divisão de Estatística, Inteligência e Planejamento (D.E.I.P.) e na Corregedoria Geral deverão ter concluído curso específico para a função e poderão, a critério do Secretário Municipal da Segurança Pública e Trânsito, ou do Corregedor Geral, poderão deixar de usar uniforme em razão do serviço prestado, bem como, não haverá necessidade de barba ou cabelos aparados, descaracterizando assim o profissional desse setor, e a título de identificação, usarão documentos funcionais da Guarda Municipal de XXXXXXXXXX.

§ 6º O armamento, manual de conduta operacional, modelo de viatura, layout da viatura, brasões e símbolos, bem como o uniforme a ser utilizado pelos integrantes da Divisão de Estatística, Inteligência e Planejamento (D.E.I.P.) será conforme os Regulamentos da Guarda Municipal de XXXXXXXXXX, estabelecidos através de Decreto do Chefe do Poder Executivo.

CAPITULO 2

AGENTES ADMINISTRATIVOS E OPERACIONAIS

Os agentes administrativos serão selecionados e nomeados pelo Secretário de Segurança Pública, e ficarão responsáveis pela coleta de dados e informações obtidos através de parceria com a Policia Civil.

Os agentes administrativos deverão ter conhecimento intermediário em informática.

Esses agentes serão responsáveis por elaborar o plano de patrulhamento ostensivo/preventivo auxiliando o comandante operacional nas tomadas de decisões.

São responsabilidades dos agentes administrativos:

- Guardar Sigilo
- Setorizar o Município
- Planilhar Dados e Informações Coletadas
- Elaborar a Mancha Criminal
- Auxiliar o Comandante no Planejamento
- Emitir Relatórios
- Elaborar Planilha de Índices
- Elaborar Gráfico Criminal
- Auxiliar o Secretário nas Tomadas de Decisões
- Montar Cronograma de Atuação Administrativa e Operacional do Setor

São responsabilidades dos agentes de campo:

- Coletar Informações e Dados na Delegacia de Policia
- Fazer Contato com Comerciantes e Moradores Frequentemente
- Fazer Visita Periódica a Vitimas de Crime

- Auxiliar o Comando no Patrulhamento em Locais Com Maiores índices
- Relatório de Vulnerabilidade dos bairros (locais ermos, casas abandonadas, terrenos)
- Emitir Relatório de Turno Para a Equipe Administrativa
- Fazer Análise de Riscos para Eventos Municipais
- Emitir Relatório de Vulnerabilidade de Prédios Públicos

A quantidade de agentes que executarão as ações administrativas ou operacionais seguirá o critério de demanda de cada município e de acordo com a quantidade de agentes policiais das corporações. Nesse Livro adoto como referencia uma cidade com 70.000 habitantes e 100 guardas municipais.

Com base nessas informações, um efetivo ideal para o bom funcionamento da Divisão é de 2 agentes administrativos para 02 agentes operacionais.

CAPITULO 3

RESPONSABILIDADES E CONDUTA

3.1– AGENTES ADMINISTRATIVOS

Agora chegou a fase dos agentes policiais nomeados pelo Secretário de Segurança Pública Municipal começar a desenvolver as atividades inerentes à Divisão. Para isso deve ser firmado e assinado um termo de comprometimento e sigilo das informações, como o modelo descrito abaixo.

3.1.1 – CONFIDENCIALIDADE E SIGILO

TERMO DE CONFIDENCIALIDADE E SIGILO
QTR:_____:_____

Eu_____,**Cargo** :_____,**RE**_____, assumo o compromisso de manter a confidencialidade e sigilo sobre todas as informações jurídicas, técnicas, operacionais relacionadas ao cargo, função ou atividade que exercer no âmbito do Departamento de Inteligência ou fora dele.Por este termo de confidencialidade e sigilo comprometo-me:
- A não utilizar as informações confidenciais a que tiver acesso, para gerar benefício próprio exclusivo e/ou unilateral, presente ou futuro, ou para o uso de terceiros;
- A não efetuar nenhuma gravação ou cópia da documentação confidencial a que tiver acesso, sem autorização do superior;
- A não apropriar-se para si ou para outrem de material confidencial e/ou sigiloso da tecnologia que venha a ser disponível;

- A não repassar o conhecimento das informações confidenciais, responsabilizando-se por todas as pessoas que vierem a ter acesso às informações, por seu intermédio, e obrigando-se, assim, a ressarcir a ocorrência de qualquer dano e / ou prejuízo oriundo de uma eventual quebra de sigilo das informações fornecidas.

Neste Termo, as seguintes expressões serão assim definidas:

Informação Confidencial significará toda informação revelada através da apresentação da tecnologia, a respeito de, ou, associada com a Avaliação, sob a forma escrita, verbal ou por quaisquer outros meios.

Informação Confidencial inclui, mas não se limita, à informação relativa às operações, processos, planos ou intenções, informações sobre produção de provas, instalações, equipamentos, sistemas, dados, habilidades especializadas, projetos, métodos e metodologia, fluxogramas, especializações, componentes, e questões relativas ao desempenho das atividades administrativas e trabalho de campo;

Avaliação significará todas e quaisquer discussões, conversações ou negociações entre, ou com as partes, de alguma forma relacionada ou associada com a apresentação da tecnologia, projetos ou atividades;

A vigência da obrigação de confidencialidade e sigilo, assumida pela minha pessoa por meio deste termo, terá a validade enquanto a informação não for tornada de conhecimento público por qualquer outra pessoa, ou mediante autorização escrita, concedida à minha pessoa pelas partes interessadas neste termo.

Pelo não cumprimento do presente Termo de Confidencialidade e Sigilo, fica o abaixo assinado ciente de todas as sanções disciplinares e ou judiciais que poderão advir, através da Corregedoria Geral da Guarda Municipal de XXXXXXXXXXX

_____ _____

Primeira assinatura será do agente policia e em seguida do secretário de segurança pública.

3.2 – SETORIZAR O MUNICÍPIO

Para conhecermos melhor a geografia do município e distribuir o patrulhamento de forma planejada e eficiente, temos que setorizar a cidade. Para fazer isso corretamente, os agentes deverão ter em mãos uma relação contendo os nomes ou quantidade de todos os bairros do município.

Ciente da quantidade de bairros deverá ser distribuído de forma igual para cada setor, exemplo:

- Uma cidade com 70.000 habitantes e com quantidade de 140 bairros, podemos distribuir essa quantidade em 9 setores contendo uma média de 15 bairros por setor.

Alguns setores poderão conter um número maior de bairro se levar em consideração a geografia do município (comunidades ou favelas).

A divisão de setor deverá ser feita de acordo com a análise das principais vias arteriais do município.

(Via Arterial = Via de grande fluxo de veículos, ex: avenidas)

Para visualizar melhor os setores, é importante que todos sejam preenchidos com cores diferentes, porém o contorno dos setores deve ser traçado com uma única cor.

Se o agente policial estiver trabalhando com mapa físico, o uso de etiquetas com as cores vermelha, amarela e preta são primordiais para a marcação dos locais de crime. Já no mapa digital poderá ser colocados apontadores nos locais de crime.

Exemplo:

Mapa calor 70.000 hab.

Estando a cidade toda setorizada e os bairros distribuídos de forma objetiva, chegamos na etapa de conhecer como funciona a criminalidade da sua cidade.]

3.3 – DADOS E INFORMAÇÕES

Os agentes administrativos irão cadastrar a coleta de dados dos boletins de ocorrência em um banco de dados, podendo ser utilizados softwares como Excel e Word caso a Divisão não disponha de programa especifico para a criação de banco de dados. O trabalho deve ser totalmente sigiloso e restrito aos agentes da Inteligência e Secretário de Segurança Pública. A equipe de agentes operacional deverá entregar esses dados aos agentes administrativos diariamente no período da manhã. Os dados que serão trabalhados pelos agentes devem corresponder a crimes contra o patrimônio e crimes contra a vida. Os agentes administrativos deverão planilhar esses dados obtidos da seguinte forma:

Os dados que serão trabalhados deverão ser distribuídos e diferenciados como tipo de crime ex:

Furto: o crime de furto será dividido em três nomenclaturas:
- Furto Simples
- Furto à Residência
- Furto de Veículo
Roubo: o crime de roubo será dividido em três nomenclaturas:
- Roubo

- Roubo a Residência
- Roubo de Veículo

Em seguida deve ser aberto um arquivo novo em Excel e criar uma planilha para cada setor e adicionar os dados obtidos na sequencia de ocorrência. Em uma cidade com 09 setores as planilhas serão elaboradas dessa forma

Dados que deverão compor a planilha:

       1 - Sequencia / Número

       2 – Setor

       3 – Data

       4 – Hora

       5 – Natureza da Ocorrência

       6 – Endereço

       7 – Características

       8 – Modo de Atuação

       9 Histórico da Ocorrência

A primeira planilha deve ser destinada para o preenchimento de todas as ocorrências do mês, ficando a critério do gestor e agentes se adotarão a mesma planilha para gerar índices trimestral ou mensal.

Com base na primeira planilha, as demais serão preenchidas de acordo com a segunda coluna da primeira planilha, ou seja, de acordo com o Setor a que aconteceu cada ocorrência.

Você deve estar se perguntando, o porquê dividir esses tipos de crimes e qual a razão de utilizar somente os crimes contra o patrimônio ou a vida?

- Os Estados utilizam para suas estatísticas criminais somente esses tipos de crimes sendo eles: o furto, o roubo e o homicídio. Contudo as cidades trabalham esses dados pelo fato que esses crimes são os que trazem maior consequência psicológica para seus moradores. As vítimas de furto e roubo jamais esquecem que foram violentadas psicologicamente ou fisicamente por um indivíduo. A segurança que a população clama está baseada nesses conceitos. A pessoa que teve um parente, amigo ou ficou sabendo de um homicídio em determinada região passa a sentir medo constantemente de sair na rua ou deixa de frequentar locais próximos ao que o ato foi cometido, generalizando a situação como se a cidade toda fosse insegura.

Portanto após os agentes policiais administrativos conhecerem o tipo de crime que ocorre em cada setor da cidade, a distribuição das equipes de patrulhamento poderá ser feito seguindo de acordo com a necessidade da região.

Terminado essa fase, devemos retornar ao mapa físico ou digital e começar a lançar os dados obtidos. Se o agente policial estiver trabalhando com mapa físico, o uso de etiquetas com as cores vermelha (roubo), amarela (furto) e preta (homicídio), são primordiais para a marcação dos locais de crime. Já no mapa digital poderão ser colocados apontadores podendo ser utilizado aplicativos como MAPS, e estando pronto para a elaboração da Mancha Criminal.

Quando utilizado o mapa físico, as etiquetas deverão conter o número de rastreamento da ocorrência, sendo que o primeiro número anotado deve ser a ordem numérica da ocorrência, ou seja, o numero que compõe a primeira coluna da planilha acima.

3.4 – MANCHA CRIMINAL

Após a marcação de pontos de crime ser concluída, os agentes terão a sua frente a forma com que a criminalidade atua no município. A criminalidade age na maioria das vezes de acordo com a classe social e posição geográfica dos bairros. Com o mapeamento já concluso, pode-se observar setores que ocorre somente um tipo de crime e com horários específicos. Com isso, regiões de acesso a regiões em que a maior concentração de pessoas que usam ou vendem entorpecentes mostram-se mais vulneráveis a furtos no período da madrugada.

A Mancha Criminal já fica visível para os agentes que passam a compreender as ações criminosas distribuídas no município, tornando visíveis os bairros mais vulneráveis e os dados lançados no mapa já podem ser trabalhados para a elaboração de um verdadeiro patrulhamento estratégico preventivo.

3.5 – TRANSFORMANDO DADOS EM ESTRATÉGIA

A mancha criminal é muito mais que apenas cores no mapa, ela informa com qual frequência ocorre o crime em cada região e em que horário esse crime costuma acontecer. É nesse momento que todos os dados computados são transformados em estratégia de patrulhamento.

Essas informações devem ser passadas ao comandante através de reunião, sempre no começo do mês (baseado em uma cidade com máximo de 70.000 habitantes). Em capitais, devido ao maior número de ocorrências registradas, esse planejamento pode ser alterado a cada 15 dias e em cidades menores pode ser feito trimestralmente.

Com dados a vista, o comandante juntamente com a equipe de Inteligência, poderá posicionar melhor suas equipes de patrulhamento e usar as equipes especializadas em locais com maior demanda de patrulhamento, corrigindo horários do serviço policial, reduzindo o tempo resposta para cada solicitação, e estando nos locais exatos inibindo qualquer ação criminosa.

Com base nas características em que os indivíduos agem por região, as equipes já saem para o patrulhamento orientado com instruções ou fotos de possíveis cometedores de atos ilícitos, aumentando a eficiência e eficácia das ações policiais. Atuando preventivamente reduzindo a possibilidade de erros em suas próprias ações policiais, e conhecendo o perfil criminoso de uma determinada região.

Segue abaixo um modelo de relatório de patrulhamento trimestral (MODELO DIURNO) que pode ser encaminhado para as equipes que atuam em um determinado setor do município. Percebe-se que no relatório encontram-se todos os dados relacionados as ocorrências da região em questão.

RELATÓRIO MENSAL DE OCORRENCIAS SETOR 1

21/08/18 à 18/11/18

---DIURNO--

12:00 AS 18:00	
FURTO	7
FURTO VEICULO	
FURTO RES/PUB/COM	3
ROUBO	1
ROUBO VEICULO	1
ROUBO RESIDENCIA	

06:00 AS 12:00	
FURTO	3
FURTO VEICULO	1
FURTO RES/PUB/COM	3
ROUBO	3
ROUBO VEICULO	
ROUBO RESIDENCIA	

DADOS RELEVANTES DO ULTIMO TRIMESTRE

OBS: 06:00hs às 07:00hs

Realizar patrulhamento priorizando a abordagem a indivíduos suspeitos a pé ou em veículos;

Características: Indivíduos brancos e ou pardos (03 roubos). Indivíduos utilizando um veículo Honda Civic Preto ou Astra Preto realizaram 02 furtos a residências.

OBS: 20:00hs às 21:30hs

Realizar patrulhamento priorizando a abordagem a catadores de recicláveis e indivíduos em atitude suspeita.

OBS: 00:00hs as 06:00hs

Realizar abordagens a moradores de rua e suspeitos com mochilas, carrinhos de reciclagem e cobertores, nesse período ocorreram 6 furtos a comércios e residências.

- ***APÓS AS 18:00HS TIVEMOS 23 OCORRENCIAS DE MAIOR RELEVANCIA.***
-

_____   _____

ASSINATURA GM INTELIGENCIA   ASSINATURA SECRETARIO

A população em si, sentirá os resultados positivos das ações policiais em pouco tempo. As reduções dos índices criminais passam a gerar uma extraordinária repercussão na sociedade.

Não deixar que um crime ocorra é um fator chave para qualquer gestor, pois a segurança pública atrai investidores, turistas e comerciantes.

3.6 – EMISSÃO DE RELATÓRIOS

Ao término da reunião, todos os relatórios devem ser emitidos ao comandante e secretário.

Ao término da data estipulada para gerar determinado relatório, um documento contendo o gráfico com as estatísticas criminais do período solicitado deve ser entregue ao secretário, comandante e uma fixada para divulgação dos resultados a todos os agentes.

Divulgar para a população dados estatísticos de redução de criminalidade é primordial para a boa aceitação da população aos agentes policiais.

Porém a forma com que o agente está atuando e a maneira com que os trabalhos foram desenvolvidos, NÃO devem ser divulgadas para a população civil. Quando a criminalidade conhece a maneira com que a ação policial é executada, os indivíduos que cometem crimes mudam suas formas de agir.

Se por solicitação do Secretário de Segurança a equipe for destinada a elaborar novos relatórios, esses deverão ser feito de acordo com a capacidade e condição para a elaboração.

A Divisão de Inteligência deve ter um relatório com atuação das equipes sempre atualizadas e adequadas com os dados apresentados com base na Mancha Criminal.

CAPITULO 4

RESPONSABILIDADES E CONDUTA II

4.1– AGENTES OPERACIONAIS DE INTELIGÊNCIA

Os agentes policiais nomeados pelo Secretário de Segurança Pública Municipal para desenvolver as atividades inerentes à Divisão, mas em ações operacionais também deverão ler, preencher e assinar o Termo de Confidencialidade e Sigilo.

4.2 – COLETA DE DADOS E INFORMAÇÕES

A principal atividade para o desenvolvimento da Divisão começa com a coleta de dados e informações que a equipe operacional de inteligência deverá fazer diariamente logo no início do turno.

A busca de informações que iniciam na Delegacia de Policia do Município deve começar com a baixa dos boletins de ocorrência com horário sequencial ao último que a equipe recebeu. Em seguida transmitir aos agentes policiais da Delegacia de Policia, informações de cunho investigativo recebido pelos agentes municipais.

Posterior a equipe se desloca até a Secretaria de Segurança Pública e repassa o arquivo com os boletins de ocorrência registrado desde a ultima coleta dos dados. Sabendo que somente serão baixados os arquivos referentes a furto, roubo e homicídio.

4.3 – CONTATO COM COMERCIANTES E MORADORES

A visita frequente a moradores e comerciantes, são um diferencial para o bom andamento do serviço policial. Trazer a população para participar da segurança pública faz com que os agentes policiais contem com um apoio maior no dia a dia na rua. Fato que a equipe de agentes operacionais de inteligência (uniformizados) tem um compromisso de buscar informações e conhecer as anormalidades que ocorrem no bairro auxiliam assim significativamente as equipes do patrulhamento diário.

As anormalidades informadas pela população deverão ser anotadas em relatório específico e encaminhadas aos agentes administrativos.

As informações que podem ser obtidas através desses contatos com a população são as mais variáveis possíveis. Podendo citar aqui os mais corriqueiros encontrados e que contribuem para o aumento da criminalidade no bairro:

- casas abandonadas;

- terrenos baldios com entulho ou alta vegetação;

- Praças sem manutenção;

- Postes com lâmpadas queimadas;

- Prédios desativados;

- veículos abandonados na via pública;

- indivíduos estranhos ao dia a dia local;

- veículos com pessoas em atitude suspeita;

Nos casos apresentados acima pode ser emitido o relatório chamado de R.V (Relatório de Vulnerabilidade).

- câmeras de segurança que podem auxiliar na identificação de indivíduos, (podendo ser adotados Projetos como a Câmera Cidadã), o qual através de Parceria Público Privado, moradores e comerciantes podem disponibilizar imagens de seu monitoramento externo para agentes policiais que monitoram as vias do município.

Modelo de Lei Câmera Cidadã:

LEI Nº XXXXXX, DE XX DE XXXXXXX DE XXXX

Institui o Projeto Câmera Cidadã - Sistema de Vídeomonitoramento de Imagens no Município de XXXXXXXXXX e cria o Centro Integrado de Comando e Controle (CICC).

Art. 1º Institui no âmbito do Município de XXXXXXXXXX, o Projeto Câmera Cidadã – Sistema de Vídeomonitoramento de Imagens e cria o Centro Integrado de Comando e Controle (CICC), para vigilância permanente do espaço público por intermédio de câmeras de vídeo e coordenação das comunicações da Unidade Municipal de Segurança, com os objetivos a seguir:

I – acompanhar a movimentação de pessoas;

II - prevenir o crime e a violência;

III – aperfeiçoar o controle de tráfego;

IV – oportunizar o zelo urbanístico;

V - ampliar a vigilância ambiental e patrimonial;

VI – aperfeiçoar a fiscalização das demais posturas municipais.

Parágrafo único. O Poder Executivo Municipal providenciará um local e os equipamentos necessários para funcionamento do Centro Integrado de Comando e Controle (CICC).

Art. 2º A operacionalização do **Projeto Câmera Cidadã** e do Centro Integrado de Comando e Controle (CICC) será realizada por servidores públicos do Poder Executivo Municipal, por intermédio da Unidade de Segurança, sendo assegurada a participação de instituições estaduais e federais, que manifestem interesse, mediante Termo de Cooperação/Convênio.

§ 1º Sendo firmado um Termo de Cooperação / Convênio com a Polícia Militar do Estado de XXXXXXXXXX, será disponibilizado um posto de trabalho na sala de vídeomonitoramento do Centro Integrado de Comando e Controle (CPCC) à Polícia Militar, disponibilizando os meios de comunicação e equipamentos que necessitem.

§ 2º Os servidores designados pelos órgãos participantes e conveniados para atuarem no Projeto

Câmara Cidadã e no Centro Integrado de Comando e Controle (CICC), antes de ter acesso ao sistema de vídeomonitoramento, deverão assinar termo de confidencialidade, de acordo com o Anexo I que integra a presente lei, certificando absoluto sigilo sobre qualquer dado ou imagem captados pelas câmeras, em especial os que envolvam atitudes criminosas, suspeitas ou de natureza íntima, sendo proibido filmar, fotografar, gravar e divulgar imagens ou ainda qualquer outro procedimento similar na sala de vídeomonitoramento, utilizando câmeras filmadoras ou telefones celulares, sem autorização prévia e expressa dos responsáveis, sob pena de responsabilidade administrativa, civil e criminal.

§ 3° Fica expressamente vedado aos observadores, administradores e usuários dos sistemas de monitoramento do Centro Integrado de Comando e Controle, violar a privacidade de qualquer pessoa, física ou jurídica, conforme garantia contida no art. 5°, inciso X da Constituição Federal.

§ 4° Fica expressamente vedado aos observadores, administradores e usuários utilizar qualquer recurso tecnológico que faça parte do sistema de monitoramento do Centro Integrado de Comando e Controle para benefício ou interesse próprio ou de pessoas de sua convivência, obrigando-se a preservar a privacidade de toda e qualquer pessoa física ou jurídica.

§ 5° Fica proibida a cessão das imagens captadas pelo sistema de vídeomonitoramento ou acesso a estas, exceto se:

I - solicitada por Ordem Judicial;

II - solicitada por autoridade policial que presida ou conduza inquérito;

III - solicitada para instrução de processos administrativos ou judiciais.

§ 6° Todos os usuários cadastrados no Centro Integrado de Comando e Controle ficam obrigados, no momento da troca de turno, a efetuar login, para verificação de eventual irregularidade praticada durante seu turno, devendo os referidos usuários cadastrados serem alertados para o uso estritamente pessoal e intransferível das senhas, bem como para a necessidade de atenção às orientações de respeito à privacidade e segurança das imagens e informações.

§ 7° O servidor, funcionário ou observador do Centro Integrado de Comando e Controle que por qualquer motivo for afastado de suas funções ou se aposentar deverá ter seu login de usuário bloqueado ou excluído, conforme o caso, para manter o sigilo e integridade do sistema de monitoramento, devendo tal providência ser procedida ou solicitada pela chefia imediata.

§ 8° Os observadores que executarem ou administrarem o monitoramento das câmeras ficam sujeitos à auditoria e rastreamento de suas ações por pessoas designadas pela chefia imediata, através de verificação dos registros do sistema que são gerados automaticamente.

§ 9° Será permitido à chefia do Centro Integrado de Comando e Controle ou ao Subsecretário da Unidade de Segurança, monitorar e controlar as atividades dos usuários do sistema, sempre que houver necessidade desta medida, a fim de detectar o uso indevido dos sistemas de monitoramento, devendo ser formalizado registro das ações executadas e, comprovado o uso indevido, tomar as medidas administrativas e funcionais cabíveis.

I - O rastreamento referido dar-se-á mediante verificação dos registros de sistema, os quais são gerados automaticamente, permitindo a consulta de todas as ações adotadas por cada usuário cadastrado no sistema.

Art. 3º As câmeras serão instaladas nos pontos que apresentam elevado índice de ocorrências policiais, locais de eventos, ou de interesse à segurança pública e prioritariamente nas entradas/saídas principais dos conglomerados urbanos do Município, coletando imagens em tempo real.

§ 1º É vedado o direcionamento ou utilização de câmera de vídeo para captação de imagens do interior de residências, clubes recreativos, espaços de lazer de uso privado, ambientes de trabalho particulares, ou de qualquer outro espaço amparado pelos preceitos constitucionais da privacidade.

§ 2º Poderá ser autorizada pela Unidade Municipal de Segurança a instalação de câmeras em vias públicas por entidade privada ou pública, observado que a autorizada deverá seguir as diretrizes técnicas estabelecidas e arcar com os recursos necessários para aquisição, colocação e manutenção dos equipamentos.

Art. 4º As imagens coletadas pelos referidos equipamentos deverão ser armazenadas, pelo período de 90 (noventa) dias, para posterior uso, sempre no interesse da Segurança Pública, observando-se o § 5º do Artigo 2º da presente Lei.

Parágrafo único. Havendo alguma ocorrência ou outra situação que fuja à normalidade, tais imagens, a critério da chefia do Centro Integrado de Comando e Controle ou do Subsecretário da Unidade Municipal de Segurança, podem ser salvas em equipamento de segurança próprio, a fim de garantir a existência/disponibilidade dos dados em questão.

Art. 5º A Prefeitura poderá firmar convênio com pessoas jurídicas e pessoas físicas do nosso Município, no sentido de viabilizar parcerias para a execução da referida atividade, inclusive permitindo a disponibilização de imagens de câmeras particulares, instaladas em comércios, empresas e residências ao Centro Integrado de Comando e Controle.

§ 1º O acesso em tempo real às câmeras particulares só será permitido e liberado caso haja alguma ocorrência nas imediações onde a câmera esteja instalada, devendo o operador efetuar o login e digitar sua senha para a liberação das imagens, sendo registrado no sistema e ficando o operador obrigado a justificar o motivo da liberação.

§ 2º Havendo indisponibilidade da cessão de imagens das câmeras particulares ao Centro Integrado de Comando e Controle em tempo real, as gravações de tais câmeras poderão ser solicitadas posteriormente junto às pessoas conveniadas com o CICC.

Art. 6º Todas e quaisquer tecnologias que permitam o monitoramento de ações poderão ser integradas ao Centro Integrado de Comando e Controle (CICC), desde que haja compatibilidade tecnológica e solicitação expressa do órgão público interessado.

Art. 7º Fica o Poder Executivo autorizado a estabelecer as adequações aos procedimentos referentes às implantações e disponibilização de softwares que permitam aos particulares integrar suas câmeras externas, direcionadas somente às vias públicas, ao Centro Integrado de Comando e Controle (CICC).

Art. 8º O Poder Executivo Municipal poderá utilizar para a instalação do Centro Integrado de Comando e Controle (CICC), o serviço de cabeamento de fibra ótica existente no Município de XXXXXXXXXX, desde que autorizado expressamente pelo órgão, entidade ou empresa gerenciadora.

Art. 9º Fica o Poder Executivo autorizado a regulamentar esta lei por decreto e a estabelecer convênios com outros órgãos públicos de qualquer nível.

Art. 10. As despesas decorrentes da execução desta lei correrão por conta de dotações orçamentárias próprias, ficando o Prefeito autorizado a abrir créditos orçamentários suplementares ou extraordinários.

Art. 11. Esta lei entra em vigor na data de sua publicação.

XXXXXXXXXX
PREFEITO MUNICIPAL

4.4 – APOIO A VÍTIMA DE VIOLÊNCIA

Na condição de transformar a insegurança que a pessoa pós-crime vivencia, os agentes terão a missão de trilhar o caminho da insegurança da vitima, passando a fazer com que essa vítima tenha a sensação de segurança e posteriormente passe a se sentir segura novamente.

Deve ser feito um relatório de cada visita, coletar os dados e situação em que a vitima se encontra, procurando sempre mostrar a ela que apesar do crime em que foi vitima a polícia sempre estará ali para trazer novamente a segurança que a pessoa espera. Em casos mais sérios e que a pessoa demonstrar algum tipo de problema mais grave decorrente da situação que passou, os agentes poderão encaminhar o relatório à equipe administrativa da Divisão e esses solicitarem apoio psicológico a vítima.

Com base no relatório dos agentes, muitas vezes o acompanhamento psicológico é necessário para que a pessoa não desenvolva qualquer tipo de crise psicológica decorrente dos fatos, podemos citar aqui a (Síndrome do Pânico)

As equipes da Divisão devem estar sempre em contato e reuniões com outras secretarias do município, repassando a cada secretaria as anormalidades

40

encontradas nos bairros e que incide negativamente na segurança pública e no bem estar da população. Encaminhando relatórios específicos para cada setor.

4.5 – ANÁLISE DE RISCO EM EVENTOS PÚBLICOS

Após receberem o ofício formal, às equipes operacionais de inteligência e administrativa deverão atual de forma conjunta, conferindo primeiramente a documentação entregue que formaliza a realização do evento, checando se laudos, autorizações e assinaturas estão de acordo com o que será realizado.

Posteriormente as equipes deslocam para o local em que ocorrerá o evento. Identificar os riscos é a etapa mais importante para que um evento ocorra dentro das normalidades, através da identificação podemos mitigar e neutralizar os riscos.

É importante que o agente policial inicie seu processo checando:

- Condição do Ambiente;

- Espaço de aglomeração;

- Segurança das Pessoas e Apresentadores;

- Local de Refeição;

- Placas Sinalizando os principais serviços de urgência e emergência do município;

- Transporte Público;

- Local adequado para banheiros químicos;

41

- Local para saída e entrada de veículos de emergência;

- Equipamentos de segurança obrigatórios;

- Equipamentos que deverão ser portados pelos agentes municipais;

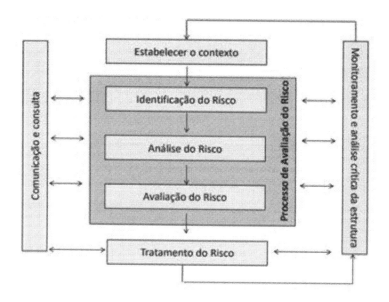

Fonte: FOPESP

CAPITULO 5

ELABORAÇÃO DE PROJETOS

A elaboração de projetos é fundamental para sanar os problemas encontrados no dia a dia, seja no contexto administrativo ou operacional, contudo temos que estar atentos as opções que a tecnologia nos oferece, muitas vezes com custos mínimos ou reduzidos. Agentes preparados e atualizados transformam dificuldades em solução, tornando assim um degrau para o topo da vitória. Nesse capitulo apresento aos srs (as) leitores algumas sugestões simples e que são capazes de mudar a realidade de qualquer município.

Elaborar projetos e formalizar Decretos ou Leis é primordial para o desenvolvimento da segurança pública municipal. Projetos eficientes trazem resultados e auxiliam os agentes policiais e gestores.

Em 2017 apresentei em audiência pública na cidade de Cosmópolis um projeto inovador para a Guarda Municipal e que trouxe resultados significativos para a segurança pública do município, o Projeto Cidade Segura.

Sabendo da dificuldade e da falta de efetivo para se concretizar o procedimento descrito no capitulo 4.3 deste livro, foi desenvolvido um trabalho utilizando um aplicativo de conversas particulares ou em grupos.

Nesse caso foi criado 09 setores que correspondiam a setorização do município e divulgado para a população através das mídias locais. Contudo, moradores foram adicionados aos grupos dos setores que pertenciam suas residências, com isso o trabalho de proximidade entre a força de segurança municipal e a população foi se tornando algo concreto e confiável. A população passou a encaminhar imagens de suas câmeras no modo privado do administrador sempre que indivíduos cometiam atos ilícitos nas proximidades de cada setor ou quando a população era informada sobre outros atos cometidos na região.

A equipe administrativa passou a enviar dicas de segurança semanalmente para a população, com isso furtos que eram corriqueiros devido a falta de informação do morador passaram a ser extintos no município, reduzindo os índices significativamente.

A cumplicidade e parceria entre moradores e agentes de segurança surgiram efeito. Nascia ali o agente multiplicador da segurança pública. Ao invés de 100 agentes policiais do município passamos a contar com mais 170, moradores que se tornaram parceiros da segurança pública municipal.

Muitas vezes pela falta de recursos devemos nos organizar e usar os mais diversos meios de comunicação existentes a nosso favor.

No próximo artigo veremos alguns projetos que trazem retornos financeiros e que auxiliam na atuação dos agentes de segurança.

5.1 –FUNDO MUNICIPAL PARA GUARDA MUNICIPAL

A falta de recursos na Segurança Pública Municipal é um fato consumado na maioria dos municípios brasileiros, dessa forma viabilizarem a implantação de um Fundo Municipal destinando verbas diretamente para as Guardas Municipais permite que o trabalho desenvolvido pelos agentes seja cada vez melhor.

Estruturando, Dignificando e Gratificando seus agentes com uma melhor condição de trabalho.

PROPOSTA DE CRIAÇÃO DE UM FUNDO MUNICIPAL PARA A GUARDA MUNICIPAL DE XXXXXXXXXX
XXXXXXXXXX, XX de XXXXXX de XXXX

A Proposta de criação de um fundo municipal para a Guarda Municipal de XXXXXXXXXXX tem como objetivo proporcionar e viabilizar amparo financeiro a programas, bens, projetos, convênios, termos de cooperação, equipamentos, contratos e ações de segurança pública e de combate a violência no município de XXXXXXXXXX.

O fundo poderá ser formado por: recursos aprovados em lei e constantes da lei orçamentária; auxílios e subvenções provenientes de órgãos públicos federais, estaduais ou municipais ou de entidades privadas; convênios ou termos de cooperação firmados entre o município e o poder público federal e estadual, ou ainda celebrados com entidades privadas nacionais ou internacionais, sob forma de doação; financiamentos obtidos com instituições bancárias oficiais ou privados; rendimentos e juros provenientes de suas aplicações financeiras.

A criação de um Fundo Municipal de Segurança Pública, prevê investimentos que serão voltados à implementação das políticas públicas de prevenção à violência no âmbito municipal ou utilizado em tecnologias, como câmeras, sistemas de monitoramentos, equipamentos, viaturas, melhoria da infraestrutura e cursos que possam aprimorar os serviços prestados pela Guarda Municipal de XXXXXXXXXX. O fundo poderá receber recursos de origens diversas, não necessariamente constantes dos orçamentos municipal e estadual e, portanto, não engessados em suas destinações na despesa, sendo permitida a aplicação desses recursos em todas as divisões da Guarda Municipal de XXXXXXXXXX.

A criação de um Fundo Municipal está em conformidade com o artigo 167, parágrafo IX da Constituição Federal de 1988, e ao que dispõe a Lei Federal 4.320/64 nos seus artigos 71 ao 74 *"constitui fundo especial o produto de receitas especificadas que, por lei, se vinculam à realização de determinados objetivos ou serviços, facultada a adoção de normas peculiares de aplicação"*.

No caso um Fundo Municipal de Segurança é uma forma de captação de recursos para serem direcionadas especificamente na questão da Segurança Pública a serem aplicadas na Guarda Municipal como forma de investimento na mesma.

LEI Nº XXXX, DE XX DE XXXXXXX DE XXXX

Autoriza   a Criação   do   Fundo

Municipal para a Guarda Municipal de XXXXXXXXX e dá outras providências.

DISPOSIÇÕES GERAIS

Art. 1º Fica autorizado a criação do FUNDO MUNICIPAL DA GUARDA MUNICIPAL DE XXXXXXXXXX - FMGM, de natureza contábil em regime de caixa único, destinado a promover, cooperar, subsidiar, aperfeiçoar e financiar o desenvolvimento dos serviços de segurança pública da pasta no Município.

Seção I
Do Conselho e suas Atribuições Junto Ao Fundo Municipal da Guarda Municipal de XXXXXXX

Art. 2º O Fundo Municipal da Guarda Municipal, terá contabilidade própria e será administrado pela própria Secretaria de Segurança Pública, através de um Conselho, criado mediante Lei específica.

Art. 3º O Conselho, tem as seguintes atribuições perante o Fundo Municipal da Guarda Municipal de XXXXXXXXX:

I - gerir o Fundo Municipal da Guarda Municipal, e estabelecer a política de aplicação de seus recursos em consonância com as políticas e Plano Municipal de Segurança Pública do Município de XXXXXXXXXX;

II - aprovar anualmente o Plano de Ação e Metas Anual do Fundo;

III - acompanhar, avaliar e decidir sobre a realização das ações previstas no Plano de Ação e Metas Anual;

VI - providenciar a inclusão dos recursos de qualquer fonte no orçamento do Fundo antes de sua aplicação;

V - organizar o cronograma financeiro de Receita e Despesa e acompanhar sua execução e aplicação das disponibilidades de caixa;

VI - responsabilizar-se pela execução do cronograma físico de projeto ou atividade beneficiada com recursos do Fundo;

VII - outras atividades afins.

Art. 4º Integram o Conselho:

I - 01(um) secretário de Segurança Pública Municipal;

II - 01(um) representante do Poder Legislativo;

III - 01(um) Diretor Guarda Municipal de XXXXXXXXXX - GM;

IV - 01(um) Presidente do Conselho de Segurança - CONSEG;

VI - 01(um) representante indicado pela Ordem dos Advogados do Brasil, do Município de XXXXXXXXXX.

Parágrafo único. Os membros do Conselho, não serão remunerados de forma alguma em decorrência de sua participação nas atividades do FMGM.

CAPÍTULO II
DOS RECURSOS DO FUNDO MUNICIPAL DA
GUARDA MUNICIPAL DE XXXXXXXXXX
Seção I
Das Receitas do Fundo

Art. 5º Constituem receitas do Fundo Municipal da Guarda Municipal de XXXXXXXX:

I - recursos originários da União, do Estado de XXXXXX e de outras Entidades Públicas;

II - doações, auxílios, subvenções, contribuições, transferências, participações em convênios e ajustes, e legados que lhe venham a ser destinados por pessoa física ou jurídica, nacional ou estrangeira;

III - resultado da aplicação financeira de seus ativos;

IV – recurso proveniente das multas oriundas das infrações ao Código de Trânsito Brasileiro aplicado pelos Guardas Municipais, sendo que a destinação dos referidos valores deverão obrigatoriamente seguir as regras do Código de Trânsito Brasileiro.

Seção II
Das Despesas do Fundo

Art. 6º O Fundo Municipal da Guarda Municipal, terá as seguintes despesas:

I - projetos para adequação, cooperação, modernização e aquisição de imóveis e equipamentos de uso constante pela Secretaria de Segurança Pública em atividades de segurança pública no município;

II - formação e capacitação profissional de servidores;

III – informatização dos arquivos, dados e equipamentos;

III - apoio financeiro a programas e projetos envolvidos em atividades de segurança pública do município, desde que aprovados por um Conselho da Guarda Municipal;

IV - custeio das despesas operacionais e administrativas da Guarda Municipal de XXXXXXXXXX;

V - projetos e obras do Plano de Ação e Metas Anual do Fundo.

VI – custeio de despesas administrativas na contratação de estagiários a serem cedidos às instituições envolvidas na Segurança Pública e que componham o quadro de agentes da Guarda Municipal de XXXXXXXXXX.

Seção III
Dos Passivos do Fundo

Art. 7º Constituem passivos do Fundo Municipal da Guarda Municipal, as obrigações de qualquer natureza que porventura o Fundo venha a assumir.

Seção IV
Dos Ativos do Fundo

Art. 8º Constituem ativos do Fundo Municipal da Guarda Municipal:

I - disponibilidades monetárias em banco ou em caixa, oriundas das receitas especificadas;

II - direito que por porventura vier a constituir;

III - bens móveis e imóveis que forem destinados ao Fundo;

Parágrafo único. Anualmente se processará o inventário os bens e direitos vinculados ao Fundo.

Art. 9º As diversas receitas do Fundo previstas nesta Lei, observada a programação financeira, quando liberadas, serão depositadas em Banco oficial, em conta bancária especifica denominada "PREFEITURA MUNICIPAL DE XXXXXXXXX - FUNDO MUNICIPAL DA GUARDA MUNICIPAL DE XXXXXXXXX."

Parágrafo único. O disposto neste artigo não se aplica aos recursos cujo instrumento de convênio, contrato, ajuste ou acordo determine outras instituições financeiras em que os mesmos deverão ser depositados.

Art. 10. O Fundo Municipal da Guarda Civil Municipal será extinto:

I - mediante Lei;

II - mediante decisão judicial.

Parágrafo único. O patrimônio apurado na extinção será absorvido pelo Município, na forma da Lei.

CAPÍTULO III
DO ORÇAMENTO E DA CONTABILIDADE
Seção I
Do Orçamento

Art. 11. O orçamento do Fundo Municipal da Guarda Municipal, as políticas e programas de trabalhos governamentais observados o Plano Plurianual e a Lei de Diretrizes Orçamentárias do Município de XXXXXXXXXX.

Art. 12. O orçamento do Fundo Municipal da Guarda Municipal, integrará o orçamento do Município, em obediência ao princípio da unidade.

Art. 13. O orçamento do Fundo, quando da sua elaboração e na execução, observará os padrões e as normas estabelecidas na legislação pertinente.

Seção II
Da Contabilidade

Art. 14. A contabilidade do Fundo Municipal da Guarda Municipal, tem por objetivo evidenciar sua situação financeira, patrimonial e orçamentária, observados os padrões e as normas estabelecidas na legislação pertinente.

Art. 15. A contabilidade será organizada de forma a permitir o exercício de suas funções de controle prévio, concomitante e subsequente, de apropriar e apurar custos e, consequentemente, de concretizar o seu objetivo, bem como de interpretar e analisar os resultados obtidos.

§ 1º A contabilidade emitirá relatórios mensais de gestão, inclusive de custos.

§ 2º Entende-se por relatório de gestão os balancetes mensais de receitas e despesas do Fundo

Municipal da Guarda Municipal e outras demonstrações que vierem a ser exigidas.

§ 3º As demonstrações e os relatórios produzidos passarão a integrar a contabilidade geral do Município.

§ 4º Os relatórios contidos no § 1º deste artigo deverão ser encaminhados ao Poder Legislativo mensalmente.

CAPÍTULO IV
DAS DISPOSIÇÕES FINAIS

Art. 16. O Fundo Municipal da Guarda Municipal terá vigência por tempo indeterminado.

Art. 17. O Regimento Interno do Fundo Municipal da Guarda Municipal será aprovado mediante Decreto do Prefeito Municipal.

Art. 18. O Saldo Financeiro apurado no balanço do Fundo será incorporado ao seu orçamento e poderá ser utilizado no exercício subsequente.

Art. 19. O Poder Executivo regulamentará esta Lei no prazo de 90 (noventa dias) contados da data de sua publicação.

Art. 20. Esta Lei entra em vigor na data de sua publicação.

XXXXXXXXXX
Prefeito Municipal

Modelo adotado em diversas cidades do Estado de São Paulo

5.2 – CENTRO ACADEMICO DA GUARDA MUNICIPAL

Formar e Capacitar seus próprios guardas, reduz gastos, despesas e valorizam os profissionais da cidade condicionando a todos com a realidade atual de cada município. Disciplinando e Doutrinando de acordo com os regimentos de cada corporação.

DECRETO Nº XXXX, DE XX DE XXXXXXX DE XXXX

DISPÕE SOBRE A CRIAÇÃO DO CENTRO ACADEMICO DA GUARDA MUNICIPAL DE XXXXXXXXXX,

NOS TERMOS DA LEI FEDERAL Nº 13.022, DE 08 DE AGOSTO DE 2014,

E DÁ OUTRAS PROVIDÊNCIAS.

O exmo Sr. Prefeito XXXXXXXXXXXXXXX, Prefeito Municipal de XXXXXXXXX, usando das atribuições legais de seu cargo estabelecidas no inciso XXXXXXXXXXXX da lei Orgânica do Município de XXXXXXXXXX, CONSIDERANDO o disposto na Lei Federal nº 13.022, de 08 de agosto de 2014, DECRETA:

Fica instituído o Centro Acadêmico da Guarda Municipal de XXXXXXXXXX, local de uso exclusivo da Secretaria de Segurança Pública e Trânsito, situado à Rua XXXXXXXXXX– XXXXXXXXXXX – XXXXXXXXXX com base no artigo 12 da Lei Federal nº 13.022 de 8 de agosto de 2014 do Estatuto Geral das Guardas Municipais, tendo como princípios norteadores artigo 3º da referida Lei, ficando o Centro Acadêmico diretamente subordinada a Secretaria Municipal de Segurança

Pública, sob a responsabilidade do Departamento da Guarda Municipal de XXXXXXXXXX.

A Academia tem por finalidade realizar para o Município de XXXXXXXXX:

I – Curso de formação de Guardas Municipais;

II - Curso de atualização para Guardas Municipais;

III - Curso de formação de instrutores de Guardas Municipais;

IV - Curso de aperfeiçoamento profissional para progressão na carreira de Guardas Municipais.

A Academia tem, complementarmente, a finalidade de, cooperando com as administrações de outros municípios e, mediante convênio ou contratação direta, realizar Cursos de Formação, Atualização e Formação de Instrutores para profissionais dessas cidades.

A Academia terá por objetivos:

I - Capacitar e habilitar os futuros e os atuais Guardas Municipais para o exercício dos cargos e funções previstas em sua organização;
II - Educar os futuros Guardas Municipais, proporcionando-lhes formação técnico-profissional e humanística, a fim de desenvolver suas potencialidades e habilidades necessárias ao eficaz desempenho de suas atividades profissionais;
III - Desenvolver, junto aos futuros Guardas Municipais, o respeito às Leis, a dedicação ao trabalho, o sentimento do dever, a responsabilidade, o senso de disciplina, o equilíbrio emocional, a consciência cívica a sociabilidade e o espírito de cooperação;
IV - Propiciar, em seus cursos, o desenvolvimento de valores morais e éticos, de caráter coletivo, e de respeito

aos direitos humanos;

V - Valorizar o processo de ensino-aprendizagem, centrando-o numa abordagem que privilegie a construção do conhecimento com ênfase nos aspectos conceituais, procedimentais e atitudinais;

VI - Garantir aos futuros Guardas Municipais um perfil profissional, consentâneo com a idéia-força de que a Guarda Municipal de XXXXXXXXXX é exemplo de cidadania.

A administração, instalação, manutenção e recursos designados para a Academia, serão de exclusiva responsabilidade do Diretor de Departamento da Guarda Municipal de XXXXXXXXXX e subordinado a Secretaria Municipal de Segurança Pública.

A docência será exercida por instrutores, de preferência, integrantes da Guarda Municipal de XXXXXXXXXX, habilitados e qualificados em áreas correlatas à disciplina ministrada;

As despesas decorrentes da execução deste Decreto correrão por conta de verbas próprias do orçamento vigente, suplementadas se necessário.

Este Decreto entrará em vigor na data de sua publicação, revogada as disposições em contrário.

XXXXXXXXXX, XX de XXXXXXXXX de XXXX.

XXXXXXXXXXXXXXXXX
Prefeito Municipal

Desenvolver um trabalho significativo não é fácil, principalmente com a falta de recursos, porém quando se usa a Inteligência Estratégica como base para a implantação de desenvolvimento de uma ação policial. O conhecimento adquirido com a busca de dados faz com que as dificuldades sejam deixadas para trás e o planejamento no patrulhamento seja eficiente.

Quando existe uma análise de informações e essa questão passa a ser trabalhada, as equipes estarão sempre no local exato e no horário correto para efetuar um bom trabalho. O conhecimento estratégico agregado a atuação operacional não permite que falhas ocorram, entendendo a atuação criminal, os agentes iniciam o verdadeiro patrulhamento preventivo.

Todo especialista e desenvolvedor de estratégia policial deve ter em mente que quanto mais detalhes souber sobre qualquer ação criminosa, melhor seu trabalho será desenvolvido e reconhecido pelos agentes policiais e pela população. A gratificação dos colegas de trabalho e da população aparece toda vez que se elabora e divulgam os gráficos de ocorrências, com a correta coleta de dados e com o eficiente patrulhamento operacional, os índices reduzem entre 40% e 60% durante o ano, variando de acordo com a quantidade de agentes policiais e população.

Sabemos que tudo o que é novo demora a ser aceito, com isso quando se inicia algo novo e inovador dentro de uma corporação, deve haver uma reunião com os agentes explicando e mostrando a necessidade de uma Divisão de Inteligência dentro das corporações das Guardas Municipais. A inteligência não se baseia somente em monitoramento e tecnologias de ultima geração. Ela inicia com coleta de dados, solução das dificuldades e dos problemas e planejamento das equipes de patrulhamento. A aquisição de tecnologias deve seguir posterior a organização do local de trabalho.

Espero com esse trabalho ter direcionado a todos os leitores sobre os princípios que uma Divisão de Inteligência deve adotar, levando conhecimento básico para o agente municipal reger essa atividade e mostrar a toda corporação a sua importância e aceitação. Muitas vezes buscamos conhecimentos em Defesa Pessoal, Controle de Distúrbios Civis e Diversos outros cursos Táticos e Operacionais, pois em nossa doutrina esperamos sempre algo de ruim acontecer para depois procurar solucionar o problema, mas muitas vezes isso nos torna parte deles. Agindo com Inteligência e Estratégia de Prevenção, temos as chances de confronto reduzidas. Evitando processos e confrontos desnecessários.

O AUTOR:

Neandro Mazilio Coelho é policial brasileiro e especialista em Inteligência voltada para a Segurança Pública Municipal,.Formado em Inteligência Estratégica pela Associação dos Diplomados da Escola Superior de Guerra (ADESG),. Conhecimento em Crimes Cibernéticos, Certificado pela DGP Academia Nacional de Policia em Análise, Observação e Detecção de Comportamentos Suspeitos. Conhecimento em PNL. Guarda Municipal de Carreira e atuou por 06 anos em equipe especializada Ronda Ostensiva Municipal. Foi Comandante Geral da Guarda Municipal na Cidade de Cosmópolis em 2019 / 2020. Durante 03 anos foi Chefe de Divisão de Estatística, Inteligência e Planejamento na Cidade de Cosmópolis-SP. Atua com treinamento, desenvolvimento e Aplicação de Inteligência. Levando para o público um conteúdo vivencial.

Made in the USA
Columbia, SC
10 February 2021